EMPRUNT 5 % 1910

DU GOUVERNEMENT IMPÉRIAL DU MAROC

CONTRAT

Entre les soussignés :

L'Amin HADJ MOHAMMED BEN ABDESSELAM EL MOKRI, Ministre des Finances de S. M. Chérifienne et Ambassadeur auprès du Gouvernement de la République, agissant en vertu des pleins pouvoirs qui lui ont été conférés pour conclure l'Emprunt par S. M. le Sultan du Maroc, et qui ont été remis au Gouvernement français, ainsi qu'il résulte d'une lettre du Ministère des Affaires Etrangères en date du 23 Mars 1910,

Et :

La BANQUE D'ÉTAT DU MAROC, Société anonyme, représentée par M. Ch. DEMACHY, son Président et M. Joanny PEYTEL, l'un de ses administrateurs,

Il a été dit et arrêté ce qui suit :

Le Gouvernement impérial du Maroc a conclu avec le Gouvernement français, à la date du 21 Mars 1910, correspondant au 9 Rabi I 1328, un accord, dont l'Emprunt, qui fait l'objet du présent contrat, est l'une des conditions.

Comme suite et en exécution de cet accord, le Gouvernement impérial du Maroc a décidé la création d'un Emprunt garanti spécialement et irrévocablement par préférence :

1) Par la totalité de ce qui reste disponible sur le produit net des droits de douane, tant à l'entrée qu'à la sortie, de tous les ports de

l'Empire, existant où à créer, après le service de l'Emprunt 1904 et après un prélèvement de 5 % sur ce disponible, lesquels seront réservés au Maghzen qui en aura la libre disposition.

2) Par toutes les sommes pouvant revenir au Maghzen du chef :

a. Du produit des tabacs et du kiff, dont le monopole sera constitué par le Maghzen dans le plus bref délai possible et suivant les conditions arrêtées dans un cahier des charges ;

b. Des mostafadet (droits de portes et marchés et autres revenus urbains) dans les ports et des sakkat (monopoles divers, autres que ceux des tabacs et du kiff) ;

c. Des revenus des biens domaniaux dans tous les ports et dans un rayon de 10 kilomètres autour de ces ports ;

d. De la portion revenant au Maghzen dans le produit de la taxe urbaine dans les ports, perçue conformément au règlement existant sur la matière.

Au vu de l'accord ci-dessus spécifié et en conformité de ces stipulations, la Banque d'Etat s'engage à prendre ledit Emprunt aux conditions suivantes :

ARTICLE PREMIER

Le montant nominal de l'Emprunt est fixé à Frs 101.124.000. — ; Reischmarks 81.910.440. — ; Pesetas espagnoles 101.124.000. —

Cet Emprunt constitue un engagement direct du Trésor du Gouvernement impérial du Maroc.

Il recevra la dénomination de :

EMPRUNT 5 % 1910

gagé par le solde disponible des droits de douane, le produit du monopole des tabacs et du kiff, les revenus des mostafadet dans les ports et des sakkat, les revenus des biens domaniaux et la part de la taxe urbaine revenant au Maghzen.

Art. 2.

Cet Emprunt sera représenté par 202.248 obligations au porteur d'un montant nominal de 500 francs = 405 reischmarks = 500 pesetas espagnoles.

Art. 3.

Les obligations recevront un intérêt annuel de 5 % de leur montant nominal payable en deux parties égales contre des coupons semestriels aux échéances des 1er Avril et 1er Octobre de chaque année, d'un montant nominal de Frs 12,50 = Rm. 10,125 = Pesetas esp. 12,50 chacun.

Chaque coupon est payable, au gré du porteur : à Tanger, à la Banque d'Etat du Maroc, à la parité des francs calculée au change à vue sur Paris ; à Paris, en francs ; à Berlin et à Francfort-sur-Mein en reischmarks ; à Madrid, en pesetas espagnoles ; aux Caisses qui seront désignées par la Banque d'Etat du Maroc.

L'échéance du premier coupon est fixée au 1er Octobre 1910. Il sera exceptionnellement de Frs 8,35 et parités correspondantes.

Art. 4.

L'amortissement de l'Emprunt se fera en 74 années, lesquelles commenceront à courir du 1er Octobre 1911 pour prendre fin le 1er Avril 1985 ; il sera procédé par tirages au sort semestriels suivant un tableau imprimé au verso des titres, qui comportera 148 semestrialités égales, comprenant l'intérêt et l'amortissement.

Les tirages auront lieu par les soins de la Banque d'Etat, chaque semestre, deux mois avant l'échéance des coupons.

Le premier tirage aura lieu le 1ᵉʳ Août 1911.

ART. 5.

Les obligations sorties au tirage ou appelées au remboursement seront payées à leur valeur nominale au gré du porteur : à Tanger, à la Banque d'Etat du Maroc, à la parité des francs calculée au change à vue sur Paris ; à Paris, en francs ; à Berlin et à Francfort-sur-Mein, en reischmarks ; à Madrid, en pesetas espagnoles ; aux caisses chargées du service des coupons. Le remboursement des obligations sorties au tirage s'effectuera à l'échéance du premier coupon qui suivra ledit tirage.

Le premier remboursement aura lieu le 1ᵉʳ Octobre 1911 et le dernier le 1ᵉʳ Avril 1985.

Les listes des numéros sortis aux tirages seront publiées par les soins de la Banque d'Etat du Maroc dans un journal de Tanger et deux journaux de chacune des places où les titres et coupons seront payables. Cette publication rappellera les numéros des titres sortis aux tirages antérieurs et non remboursés.

Toute obligation dont le numéro est sorti et qui sera présentée au remboursement devra être munie de tous les coupons non échus à la date fixée pour le remboursement ; dans le cas où il en manquerait un ou plusieurs, leur montant serait déduit du capital à payer au porteur.

ART. 6.

Les coupons payés et les titres amortis seront annulés par les soins

— ✳ —

dc la Banque d'Etat et tenus à la disposition du Gouvernement impérial.

Art. 7.

Le Gouvernement impérial s'interdit de rembourser le présent
Emprunt et d'en augmenter l'amortissement avant un délai de 15 ans à
compter du premier remboursement d'obligations amorties, soit avant le
1ᵉʳ Octobre 1926.

À l'expiration de ce délai, il aura le droit, s'il le juge convenable,
de rembourser ledit Emprunt en totalité ou d'en augmenter l'amortissement sous condition d'en avoir donné avis par écrit à la Banque d'Etat
trois mois à l'avance.

Cet avis sera publié, sans retard, par la Banque d'Etat dans les conditions prévues à l'article 5.

En cas de conversion du présent Emprunt, des Banques seront désignées en France, Allemagne et Espagne pour cette opération, qui se fera
aux mêmes conditions dans les trois pays.

Art. 8.

Les titres du présent Emprunt seront confectionnés par les soins de
la Banque d'Etat conformément à l'Obligation générale annexée au présent Contrat.

Les frais de confection de titres et les frais de timbres étrangers
lors dc l'émission seront à la charge de la Banque d'Etat.

Art. 9.

Les titres et coupons de l'Emprunt seront exempts de tous impôts,
taxes, droits ou redevances quelconques, de quelque nature que ce soit,

prévus ou à prévoir, au profit du Gouvernement impérial du Maroc, celui-ci s'obligeant à assurer en tout temps le service de l'Emprunt sans diminution et sans excuse.

Art. 10.

Les coupons qui n'auraient pas été présentés à l'encaissement dans un délai de cinq ans à partir de leur échéance, seront prescrits en faveur du Gouvernement impérial.

De même seront prescrites en faveur du Gouvernement impérial les obligations amorties qui ne seront pas présentées à l'encaissement après un délai de trente ans.

En cas de perte, de vol ou de destruction des titres du présent Emprunt, la Banque d'Etat est autorisée à procéder sans frais pour le Gouvernement impérial au remplacement de ces titres, après qu'il aura été fourni à la Banque des garanties et des preuves jugées par elle satisfaisantes de leur disparition et des droits des réclamants.

Art. 11.

Le présent Emprunt est garanti spécialement et irrévocablement par préférence et priorité à tous autres emprunts :

1° Par le produit net des droits de douane, tant à l'entrée qu'à la sortie, de tous les ports de l'Empire existant ou à créer, pour la partie qui ne serait pas nécessaire au service de l'Emprunt 1904, à la garantie duquel la totalité du produit desdits droits de douane a été affectée, et sous réserve expresse de tous les droits appartenant aux porteurs des titres de l'Emprunt 1904, en vertu du Contrat du 12 Juin 1904 qui régit cet Emprunt ; 5 % du produit défini au présent paragraphe sont réservés au Maghzen qui en aura la libre disposition :

2° Par toutes les sommes pouvant revenir au Maghzen du chef :

a) Du produit des tabacs et du kiff (le monopole de leur exploitation sera constitué par le Maghzen conformément aux stipulations de l'article 16 ci-après) ;

b) Des revenus des mostafadet dans tous les ports et des sakkat ;

c) Des revenus des biens domaniaux dans tous les ports et dans un rayon de 10 kilomètres autour de ces ports ;

d) De la portion revenant au Maghzen dans le produit de la taxe urbaine.

Les produits des douanes et des revenus ci-dessus sont affectés concurremment à la garantie du présent Emprunt et ils seront encaissés et versés au compte dudit Emprunt à la Banque d'Etat sous déduction des frais de gestion, dans les conditions déterminées ci-après.

En ce qui concerne spécialement le produit des douanes dont la totalité est affectée par priorité et préférence au service de l'Emprunt 1904, toute diminution ou cessation du prélèvement pour le service dudit Emprunt 1904, par suite de son amortissement, sa conversion, son remboursement, ou toute autre cause, viendra en augmentation du gage affecté au présent Emprunt 5 % 1910.

En conséquence, lorsque l'Emprunt 1904 aura été intégralement remboursé, la totalité du produit des Douanes sera affectée par priorité et préférence à la garantie du présent Emprunt, et, sur ce produit, il sera prélevé le montant annuel nécessaire au service dudit Emprunt dans les conditions indiquées à l'article 17.

Art. 12.

L'assiette, les bases, le tarif, le mode de perception et le contrôle de tous les droits affectés à la garantie du présent Emprunt et notamment les dispositions relatives au contrôle, ainsi qu'en général toutes les lois, règlements et dispositions concernant ces droits et contrôle, continueront à être respectés.

Art. 13.

A l'effet d'assurer le fonctionnement de ces garanties, tous les droits que comportent les titres de l'Emprunt, tels qu'ils résultent du présent contrat, seront exercés, au nom et pour le compte des porteurs, par un représentant desdits porteurs.

Le Représentant des Porteurs de Titres de l'Emprunt 1904, investi par une décision chérifienne à lui notifiée le 4 Juillet 1907 — (22 Djomada I 1325) du Contrôle des Douanes et confirmé dans cette mission jusqu'à complet remboursement du présent Emprunt, sera le représentant des Porteurs de Titres de l'Emprunt 1910.

Au jour où la Délégation des Porteurs de Titres de l'Emprunt 1904 viendrait à cesser d'exister par suite du remboursement de cet Emprunt, le Délégué de ces Porteurs de Titres restera chargé de la représentation des Porteurs de Titres de l'Emprunt 1910.

Art. 14.

En conséquence, en ce qui concerne le produit des douanes, le Représentant des Porteurs de Titres qui, en sa qualité de Représentant des Porteurs de Titres de l'Emprunt 1904, en vertu du Contrat relatif à cet Emprunt, fait encaisser journellement, dans chaque port, par ses Délégués, 60 % du produit des douanes, fera désormais, et à compter de la mise en vigueur du présent contrat, encaisser l'intégralité de ce produit, sous déduction de 5 % sur la partie de ce produit qui ne serait pas nécessaire au service de l'Emprunt 1904 ; ces 5 % étant réservés au Maghzen, conformément à l'article 11.

Après remboursement intégral de l'Emprunt 1904, le Représentant des Porteurs de Titres de l'Emprunt 1910, jouissant des mêmes droits et pouvoirs que ceux actuellement conférés au Représentant des Porteurs de Titres de l'Emprunt 1904, encaissera l'intégralité du produit des Douanes pour le compte des Porteurs de Titres de l'Emprunt 1910, sous déduction des 5 % réservés au Maghzen.

Art. 15.

Toutes sommes revenant au Maghzen du chef des produits autres que les douanes, tels qu'ils sont spécifiés à l'article 11, seront versées à la Banque d'Etat au compte de l'Emprunt 1910, par l'intermédiaire de l'Administration du Contrôle avec le concours du Représentant des Porteurs de Titres.

Art. 16.

En ce qui concerne spécialement le produit du monopole des tabacs et du kiff, il est stipulé que le Gouvernement impérial devra constituer ce monopole et en adjuger la concession dans le plus bref délai possible.

Le fermier du monopole versera à l'Administration du Contrôle aux échéances stipulées par son Cahier des charges, le produit du fermage lequel est affecté au gage du présent Emprunt. Les dispositions utiles seront insérées audit Cahier des charges.

Si, pour quelque cause que ce soit, le Gouvernement marocain substituait au régime du fermage le régime de l'exploitation par voie de régie, l'Administration du Contrôle serait chargée par préférence de cette exploitation ; une entente interviendrait à ce moment entre le Maghzen et ladite Administration, et si elle renonçait à exercer ce privilège, elle aurait le contrôle de la régie.

En tout cas, quel que soit le régime adopté et jusqu'à complet remboursement du présent Emprunt, les produits de l'exploitation des tabacs et du kiff revenant au Maghzen seront versés à la Banque d'Etat au compte de l'Emprunt 1910 dans les conditions stipulées à l'article 15.

Art. 17.

Le produit des divers revenus affectés à l'Emprunt servira jusqu'à due concurrence à assurer le service des obligations du présent Emprunt en intérêts, amortissement et frais de change.

Ce service devant être assuré par semestre, chaque semestrialité comprendra :

1° Le montant des intérêts semestriels ;

2° La somme représentant l'amortissement semestriel lorsque l'amortissement aura commencé à fonctionner ;

3° Les frais de transport de fonds, ainsi que les frais de change résultant des remises que la Banque d'Etat devra faire sur les diverses places où se fait le service de l'Emprunt ; enfin la commission de 1 % en faveur de la Banque d'Etat du Maroc sur le montant des coupons et titres amortis.

Dans le cas où le produit des revenus affectés au service de l'Emprunt serait insuffisant pour effectuer ce service, le Gouvernement impérial s'engage à compléter le service par la totalité de ses autres ressources et notamment par la vente des immeubles domaniaux, comme il sera précisé à l'article 21 ci-après.

La Banque d'Etat du Maroc pourvoira en temps utile les Banques chargées du service de l'Emprunt des montants à ce nécessaires dans la mesure des besoins normaux qui seront constatés par elle sur chaque place.

Art. 18.

Les fonds encaissés au titre de l'Emprunt 1910 seront versés au fur et à mesure des encaissements à la Banque d'Etat au crédit d'un compte spécial dénommé « Compte Emprunt 1910 » dont le montant ne pourra être utilisé que pour le service dudit Emprunt. Ce compte ne portera pas intérêts.

Au fur et à mesure de ses encaissements, la Banque d'Etat en effectuera la conversion en francs pour le compte et au mieux des intérêts du Gouvernement impérial. La Banque d'Etat devra, chaque quinzaine, remettre au Ministre des Finances chérifien et au Représentant des Porteurs la position en francs du Compte de l'Emprunt 1910.

Art. 19.

Lorsque la totalité des deux semestrialités, telles qu'elles sont définies à l'article 17, correspondant à une année comptée du 1ᵉʳ Avril au 31 Mars, sera constituée aux mains de la Banque d'Etat, tous encaissements au titre de l'Emprunt 1910 seront suspendus jusqu'au début du premier semestre de l'année suivante, sauf le cas prévu à l'article 21 ci-après.

Les encaissements au titre de l'Emprunt 1910 reprendront dans les conditions prévues au présent contrat à partir du début du premier semestre de l'année suivante.

Art. 20.

Au cas où, deux mois avant chaque échéance semestrielle, le total des encaissements effectués et reçus par la Banque d'Etat, à Tanger, n'atteindrait pas le montant de la semestrialité correspondant à cette échéance, la Banque d'Etat et le Représentant des Porteurs de titres en aviseront le Maghzen qui devra parfaire la semestrialité dans un délai de quinze jours à partir de cette notification et ce, au moyen des autres ressources du Gouvernement impérial. Ce versement complémentaire devra être fait à la Banque d'Etat, de façon que celle-ci soit détentrice à Tanger, en francs, de la somme représentant chaque semestrialité un mois au moins avant chaque échéance.

Art. 21.

Afin d'assurer l'exactitude du paiement des semestrialités, le Gouvernement impérial autorise d'ores et déjà la Banque d'Etat à prélever sur le produit de l'Emprunt une somme de Fr. 2.600.000 qui restera déposée entre ses mains à titre de réserve jusqu'au remboursement intégral de l'Emprunt.

Dans le cas où le montant intégral d'une semestrialité ne serait pas entre ses mains un mois avant l'échéance semestrielle, la Banque d'Etat, en attendant le versement complémentaire que le Gouvernement impérial s'est engagé à effectuer, ainsi qu'il a été dit à l'article 20, aura le droit d'opérer sur cette réserve, sans aucun préavis, un prélèvement suffisant pour compléter la provision nécessaire à la semestrialité.

Toutefois, ce prélèvement ne modifie en rien l'obligation du Gouvernement impérial de parfaire chaque semestrialité au moyen de toutes ses ressources, en cas d'insuffisance du produit des revenus affectés au service de l'Emprunt.

Dans le cas où la réserve viendrait à être entamée, elle devra être reconstituée au plus vite par le Gouvernement impérial sur ses ressources propres.

Si, cette réserve ayant été entamée, le service de deux semestrialités venait à être assuré avant la fin de l'année comptée comme il est dit à l'article 19, il n'y aura pas lieu de suspendre les encaissements au compte de l'Emprunt, lesdits encaissements continueront jusqu'à ce que la réserve ait été complétée à nouveau et ne pourront être suspendus, par application de l'article 19 ci-dessus, qu'après que ladite réserve aura été reconstituée à son chiffre de Fr. 2.600.000.

Les sommes restant disponibles sur la réserve seront imputées sur la dernière semestrialité de l'Emprunt.

En cas d'insuffisance du rendement des revenus affectés en garantie de l'Emprunt, et après épuisement de la réserve, l'Administration du Contrôle pourra, après entente avec le Maghzen, faire vendre des immeubles domaniaux, par voie d'enchères publiques, à concurrence du montant nécessaire pour couvrir l'insuffisance de la semestrialité en déficit et pour reconstituer la réserve.

Art. 22.

Sur les sommes figurant au Compte de la Réserve, la Banque d'Etat bonifiera au Maghzen un intérêt de 2 % l'an et, en fin d'exercice, le montant de cet intérêt sera porté au crédit du Compte de l'Emprunt 1910 pour concourir au service de l'exercice suivant.

Art. 23.

La Banque d'Etat prendra à sa charge :

1° Les frais de confection des titres provisoires et définitifs du présent Emprunt, le renouvellement des feuilles de coupons, le remplacement des titres détériorés ou perdus ;

2° Les droits de timbre acquittés sur les titres dans les pays où il aura été décidé de faire l'émission ;

3° Les commissions à payer aux banques étrangères pour le paiement des coupons et des titres amortis ;

4° Les frais de correspondance télégraphique ou postale d'annonces de paiement des coupons ou de titres amortis ;

5° Les frais, risques et assurances pour la transmission à Tanger des fonds provenant des versements effectués dans ses succursales ;

6° Et, en général, tous les frais que nécessiterait le service de l'Emprunt, sauf ceux spécifiés à l'article 17.

Art. 24.

Aux conditions ci-dessus, la Banque d'Etat s'engage à prendre ferme les Frs 101.124.000 constituant le montant nominal du présent Emprunt, soit 202.248 obligations de Frs 500, jouissance du 1er Juin au prix de Frs 445 par obligation, soit pour la somme totale de 90.000.360 francs.

Art. 25.

Le produit effectif de cette prise ferme sera affecté :

1° A constituer la réserve de Frs 2.600.000 dont l'affectation et l'emploi sont déterminés par l'article 21 ;

2° Aux paiements et provisions spécifiés ci-après :

Indemnités arbitrées par la Commission internationale de Casablanca, traitements et frais afférents au fonctionnement de la Commission.

Créances de la Banque Mendelssohn et du Consortium français.

Avances de la Banque d'Etat du Maroc y compris les avances faites ou à faire au titre de la police.

Travaux publics exécutés ou en cours d'exécution dans les ports de Tanger, Casablanca et Saffi ; provision pour les travaux projetés du port de Larache conformément au devis présenté au Maghzen par les concessionnaires.

Créances ayant fait l'objet antérieurement au 30 Juin 1909 d'arrêtés de comptes acceptés par le Maghzen ou de règlements intervenus entre le Maghzen et les Légations.

Indemnités d'expropriations consécutives à l'établissement du Monopole des Tabacs.

Remboursement des Emprunts gagés sur les bijoux de la Cour Chérifienne.

Provision pour règlement des comptes d'intérêts afférents à certaines créances.

Le reliquat d'Emprunt sera appliqué en première ligne au règlement des créances non reprises dans les rubriques ci-dessus, fondées sur des titres antérieurs au 30 Juin 1909, mais n'ayant pas à cette date fait l'objet de règlements de comptes avec le Maghzen.

3° Le solde sera attribué au Maghzen.

Art. 26.

La Banque d'Etat est d'ores et déjà chargée par le Gouvernement impérial d'effectuer les paiements spécifiés à l'article 25 sur la présentation de mandats ou ordres signés par le Ministre des Finances et d'en recevoir bonne et valable quittance sans qu'il en puisse résulter aucune responsabilité pour ladite banque.

L'Emprunt étant contracté en francs, les frais résultant des paiements effectués autrement qu'en francs, y compris les frais de change, seront à la charge du Gouvernement impérial.

En ce qui concerne les provisions à faire dès que les fonds de l'Emprunt seront disponibles, le montant de chacune d'elles sera porté de suite à un compte spécial et la Banque d'Etat ne disposera de ces fonds que sur mandats de paiement émis en conformité des arrangements y relatifs.

La Banque d'Etat bonifiera au Maghzen un intérêt de 2 % sur les sommes disponibles figurant à ces comptes provision et, en fin d'année, le montant de ces intérêts sera porté au crédit du Compte de l'Emprunt 1910 pour concourir au service de l'exercice suivant.

Art. 27.

La Banque d'Etat se réserve la faculté d'émettre ou faire émettre en souscription publique ou autrement le montant de l'Emprunt, soit 101.124.000 francs divisé en 202.248 obligations, et ce, aux époques, clauses et conditions qui lui conviendront.

Art. 28.

Il est entendu que sur le montant net de l'Emprunt soit de Frs 90.000.360, une première partie de trente millions de francs sera disponible aux fins des affectations indiquées à l'article 25, quinze jours après la date fixée par la Banque pour l'émission du présent Emprunt et le solde un mois après la réalisation de l'Emprunt.

Art. 29.

Une expédition authentique du présent contrat sera déposée par les soins de la Banque d'Etat du Maroc au greffe du Tribunal spécial institué par le paragraphe 2 de l'article 45 de l'Acte d'Algésiras.

Art. 30.

Si, jusqu'à la date que la Banque d'Etat fixera pour l'émission, il survenait des événements d'une gravité particulière qui rendraient toute émission impossible, ladite Banque se réserve le droit de différer l'exécution du présent contrat jusqu'à ce que les conditions générales des marchés financiers lui permettent de procéder à ladite émission.

Art. 31.

A l'expiration de la durée de la Banque d'Etat du Maroc, si cette durée n'est pas prorogée, ou en cas de dissolution anticipée, tous les droits et obligations appartenant à la Banque d'Etat du Maroc du chef de l'Emprunt seront transférés à la Banque qui sera désignée par les liquidateurs spécifiés à l'article 61 des Statuts de la Banque d'Etat ; la Banque ainsi désignée assurera le service dudit Emprunt dans les mêmes conditions que la Banque d'Etat du Maroc, telles qu'elles sont spécifiées au présent contrat.

Art. 32.

Le présent contrat est fait en trois exemplaires en français et en arabe, sans frais ni droits d'aucune sorte ; l'un restera entre les mains du Maghzen et les deux autres seront remis à la Banque d'Etat, qui fera le dépôt prescrit par l'article 29.

Fait à Paris, le dix-sept Mai mil neuf cent dix, correspondant au neuf Djouwada I treize cent vingt-huit.

<table>
<tr><td>Le Ministre des Finances de
S. M. Chérifienne,
Ambassadeur près du Gouvernement
de la République,

EL MOKRI.</td><td>BANQUE D'ETAT DU MAROC

Le Président :   Un Administrateur :

Cн. DEMACHY.   J. PEYTEL.</td></tr>
</table>

Pour traduction certifiée conforme,

Paris, le 17 Mai 1910.

Le Consul honoraire, Conseiller de législation musulmane à la Légation de France, ff⁰⁰ d'interprète auprès de l'Ambassade Marocaine,

A. BENGHABRIT.

5979 — Paris. — Imp. Hemmerlé et Cⁱᵉ. — 3-17

www.ingramcontent.com/pod-product-compliance
Lightning Source LLC
LaVergne TN
LVHW050351030726
842520LV00005B/2063